Lázaro Francisco Acosta Ruiz

Razón de ser poeta

Lázaro Francisco Acosta Ruiz

Razón de ser poeta

A la memoria de Vicente Feliú Miranda

JustFiction Edition

Imprint
Any brand names and product names mentioned in this book are subject to trademark, brand or patent protection and are trademarks or registered trademarks of their respective holders. The use of brand names, product names, common names, trade names, product descriptions etc. even without a particular marking in this work is in no way to be construed to mean that such names may be regarded as unrestricted in respect of trademark and brand protection legislation and could thus be used by anyone.

Cover image: www.ingimage.com

Publisher:
JustFiction! Edition
is a trademark of
Dodo Books Indian Ocean Ltd., member of the OmniScriptum S.R.L Publishing group
str. A.Russo 15, of. 61, Chisinau-2068, Republic of Moldova Europe
Printed at: see last page
ISBN: 978-620-3-57856-0

Razón de ser poeta

A la memoria de Vicente Feliú Miranda

Lázaro Francisco Acosta Ruiz
(Frank Calle)

La Habana, Cuba

Año 2021

Razón de ser poeta

A la memoria de
Vicente Feliú Miranda

Dr. Lázaro Francisco Acosta Ruiz

La Habana 2021

Editorial Académica Española

Contenido

Una dedicatoria que jamás pensé
que tendría que realizar

Me enteré viendo el noticiero de televisión, cuando ya cerraba la tarde.
Escuché la noticia a medias porque en ese instante no prestaba atención.
Precisamente estaba en los retoque finales de esta obra, y me apuraba por concluir la edición, cuando solo faltaban detalles finales. Hasta noviembre había tenido un año excelente, por la publicación de varias obras, incluyendo las traducciones, y terminando esta pensaba escribir a Vicente, para informarle de estos primeros resultados.
No era este un libro dedicado a Vicente, aunque en gran medida
su presencia está en cada página de la obra, porque trata de reflejar
mi razón de ser poeta,
Y es que simplemente, mi "razón de ser poeta" tiene su génesis a partir del momento
en que entro en contacto con un Vicente muy joven, que me lleva a conocer
a un Silvio también muy joven, y tengo la oportunidad única de verlos crear,
guitarra en mano, aquellas primeras canciones
nacidas en el cuartico de azotea de la calle Neptuno,
donde también escribí mis primeros poemas,
bajo la influencia que emanaba de ellos. Esa fue la génesis.
Ese era el libro que estaba casi concluyendo, cuando recibo
la dolorosa noticia de su inesperado fallecimiento.
A partir de ese minuto, la visión inicial de esta obra
cambió radicalmente, porque comienzo y final
debieron ser transformados, y un nuevo libro
se ha gestado a cuenta del anterior:
el libro de Vicente.

Boceto biográfico de Vicente Feliú Miranda

(11 de noviembre de 1947, La Habana -17 de diciembre de 2021, La Habana)

No tendría sentido comenzar esta obra sin hacer al menos un comentario biográfico general, dando por sentado que una personalidad de la estatura de Vicente Feliú, tendría ya una biografía de dominio público, como bien merece. En tal caso, bien pudiera entonces el autor y amigo, contribuir ahora con algunos pasajes complementarios, para enriquecer su biografía desde el espacio más íntimo, con conocimiento de anécdotas y hechos a las que solo suelen tener acceso familiares y amigos en determinadas etapas de la vida, de hecho más pública que privada. Pero increíblemente en su caso no parece ocurrir así.

Después de consultar diversas páginas en la web, ocurre el singular hecho de que al menos el 80% de su biografía, es literalmente la misma en todas las referencias; y todas parecen tener por fuente fundamental la Wikipedia, que por cierto, es además la mejor documentada de las fuentes consultadas.

Reagrupando esos contenidos, que pueden ser directamente consultados por los lectores interesados, si es que prefieren las fuentes directas, podemos resumir que:

- Vicente aprendió a tocar la guitarra de mano de su padre, y simultáneamente comienza a componer en 1964, de manera intuitiva y necesaria, cuando cursaba la segunda enseñanza. Por aquellos años otros jóvenes en diferentes puntos de la geografía cubana descubrían a la vez las experiencias sociales y la canción, y años más tarde, en 1972, conformarían lo que se dio a conocer como el movimiento de la Nueva Trova.

Encontramos aquí la primera de las importantes lagunas de su biografía, tomando como fuente lo reflejado en las páginas de acceso público. El

Vicente anterior a 1972, fecha del nacimiento de la Nueva Trova, parece ser totalmente desconocido.

Afortunadamente la totalidad de su obra se ha salvado de ese infortunio, y podemos agregar a continuación las notas más significativas.

- Junto a Pablo Milanés, Silvio Rodríguez, Noel Nicola, Lázaro García y Augusto Blanca, entre otros, Vicente trabajó durante quince años en la organización ocupando diferentes responsabilidades incluyendo la presidencia.
- Actuó en más de 20 países de América, Europa y África, y compartido escenarios con numerosos cantores, entre los cuales se cuentan Silvio Rodríguez, Pablo Milanés y Liuba María Hevia (Cuba), Luis Eduardo Aute y Caco Senante (España), Isabel Parra e Inti Illimani (Chile), León Gieco y Mercedes Sosa (Argentina), Gabino Palomares (México), Jackson Browne, Pete Seeger, Holly Near y Little Steven (Estados Unidos), Daniel Viglietti y Alfredo Zitarrosa (Uruguay), y Luis Enrique y Carlos Mejía Godoy (Nicaragua).
- Compuso música para obras de teatro, televisión y espectáculos y ha colaborado en programas culturales como asistente de dirección y director musical. Fue asesor de música de la radio y la televisión cubanas y guionista, locutor y director de radio. Al momento de su muerte, el 17 de diciembre de 2021, dirigía el centro cultural Canto de Todos, que promueve encuentros e intercambios, desde la canción, en los países de Iberoamérica.
- Su discografía también aparece, al menos, como referencia, destacándose las siguientes obras: Créeme [1979]; No sé quedarme [1985]; Arteporética [1990]; Aurora [1995]; Guevarianas [1997]; Ansias del alba (Vicente Feliú + Santiago Feliú) [1997]; Itinerario [1998]; A guitarra limpia [1999]; El colibrí [2001];

Vicente Feliú al BarnaSants [2014]; y Las flores buenas de Javier Heraud (Vicente Feliú - Miryam Quiñones) [2015].

Cierran la relación de hechos importantes de su vida, los Premios y Reconocimientos recibidos, destacándose los siguientes:

- Premio de Honor Cubadisco (2012)
- Premio "Por la cultura de la Patria Grande", por sus aportes a la música latinoamericana.
- Premio de Honor Cubadisco (2012)
- Premio "Por la cultura de la Patria Grande", por sus aportes a la música latinoamericana.
- Premio Pablo de la Torriente Brau
- Distinción por la Cultura Nacional
- Medalla Alejo Carpentier (2002)
- Orden Félix Varela (2004)
- Premio Abril
- Diploma al Mérito Artístico, entregado por el Instituto Superior de Arte (2003)

Un reconocimiento muy merecido

En la relación anterior no aparece incluido el premio Maestro de Juventudes que otorga la Asociación Hermanos Saiz en Cuba, a Vicente Feliú.

Según la nota, aparecida en https://barbarisimacuba.blogspot.com/search?q=Vicente+Feliu "*no ha de extrañarse por tal homenaje, el autor de muchas canciones-himnos ha dedicado su vida de compromisos a promover la obra de los jóvenes, como padre trovadoresco ofrece espacio para que los continuadores de ese movimiento expresen inquietudes, guitarra mediante, y no escatima tiempo para escucharlos y ofrecer atinadas lecciones."*

La cronista Bárbara Vasallo afirma además que *"Estoy segura que atesorará este nuevo reconocimiento que lleva en el rostro de nuestro Martí "todo el decoro del mundo", y será punto de partida para continuar con el sacerdocio de servir a los demás, de no rendirse, de no sentarse en las sillas del camino, de seguir creyendo en esa "razón que no permite espera".*

La familia Feliú vinculada a Guiteras y Aponte.

Según leemos en el un artículo publicado en Cubadebate http://www.cubadebate.cu/noticias/2021/05/08/recuerdan-a-los-antimperialistas-guiteras-y-aponte-en-elmorrillo/ en un acto celebrado en conmemoración del A la memoria de los antimperialistas Antonio Guiteras y Carlos Aponte rindieron tributo en Matanzas, cuando se cumplen 86 años de que fueran asesinados en El Morrillo, cerca de la desembocadura del río Canímar. *"En la ceremonia el trovador Orlando Pérez Casuso interpretó la canción Créeme, de Vicente Feliú, tema icónico que el propio Feliú, fundador del proyecto Canto de Todos, expresó está dedicado a Guiteras y a Aponte, a quienes los une una conmovedora historia familiar."*

La historia real aparece narrada por el propio Vicente en la entrevista muy conmovedora que le hiciera la periodista Julieta García Ríos, de Telerebelde, con motivo de su 70 cumpleaños. Se trata de un texto que en este minuto adquiere un valor documental extraordinario, porque además, está relacionado con la génesis de su obra musical más trascendente: CREEME.

La entrevista

Por Julieta García Ríos, Resumen Latinoamericano, 17 de diciembre de 2021.

https://www.resumenlatinoamericano.org/2021/12/17/cuba-muere-el-trovador-vicente-feliu-creeme-cuando-me-vaya-y-te-nombre-en-la-tarde/

Acaba de cumplir 70 años y para nada es un vejete. Conserva su encanto: desde el azul penetrante de sus ojos, los brazos de Popeye y esos ademanes suyos tan varoniles.

No le teme a las nuevas tecnologías. Sigue siendo un «incendiario», solo que con la experiencia se ha vuelto más selectivo y le prende fuego únicamente a las causas necesarias.

De Vicente Feliú, nuestro entrevistado, ha dicho su amigo y trovador Silvio Rodríguez: «Vicente sintetiza en mucho una de las aspiraciones del Movimiento de la Nueva Trova: hacer de la canción y del que la canta una compacta unidad. Es un hombre de su tiempo y, desde la acción, le surgen crónicas, canciones, testimonios. Su lenguaje varía según el timbre de la vida o el sueño, pero siempre hay un viento épico rondándolo. Cuando canta sus versos con voz menuda o airada, su timbre cálido nos somete a una especie de hogar. He aquí a un hombre, a un poeta, a un trovador sincero. Créanle».

Y Amaury Pérez, el también cantautor y conductor televisivo, resumió que su mayor éxito es «ser una buena persona y un hombre decente».

De ello da fe un «pelotón» de jóvenes trovadores y trovadoras de Cuba y otras latitudes, para quienes creó el proyecto Canto a todos para la canción iberoamericana, desde el que hace años promueve conciertos de noveles figuras.

Vicente es el primer hijo, sobrino y nieto de una familia numerosa de raíces españolas y con vínculos independentistas, a la cual la música le llega como algo natural.

Su abuela era profesora de piano, su papá cantaba y componía, toda la familia paterna entonaba muy bien.

Gusta de ser conocido y no famoso, lo que le permite disfrutar de un café sin ser interrumpido para dar un autógrafo.

Sus canciones lo revelan como es. Así sabemos que para él la felicidad equivale a «un buen hogar, salir a comer a algún restorán, el domingo charlar con amigos, un poco de ron... que los hijos tengan buen rendimiento y se propongan ser como papá».

Vicente con su hija Aurora de los Andes

Juventud Rebelde conversa con este hombre consecuente con su época y con las causas justas, con el «guerrero» que hizo suya también la lucha por el regreso de los cinco antiterroristas cubanos, con el que guitarra en ristre en tiempos de guerra llevó la canción a Angola y a Etiopía, y a Bolivia en momentos difíciles.

—En los conciertos se te nota relajado, ¿es realmente así?

—Una vez le escuché a Chico Buarque decir que un minuto antes de salir a escena no tenía idea de lo que haría, y un minuto después de terminar, no tenía idea de lo que hizo. El misterio de cada concierto es diferente, pero invariablemente, un misterio.

«Antes me aterraba cada vez que iba a salir a cantar. Por eso me tomaba algunos tragos y hasta casi pierdo, entre otras cosas, la voz. Pensé que el día que no sintiera ese miedo dejaría de cantar, cosa que felizmente no ha ocurrido. Parece que con la edad algunos problemas se resuelven».

—Al terminar, ¿cómo te sientes?

—Prefiero responderte con un fragmento de la canción **Después que canta el hombre** (1969), de Silvio: *Después que canta, el hombre queda solo, /sobreviviendo a igual incertidumbre. /Pero de nuevo ordena sus conciertos/como un ángel postizo que insistiese. /Sabe que ahora, de pronto, se hace luego,/ aunque después que cante quede ciego.*

—Eres de los cantautores más comprometidos con la Revolución, ¿cómo se lleva eso?

—Siendo como soy, sencillamente, con todos los riesgos externos e internos que ello conlleva.

—¿Las canciones cómo surgen?

—De las maneras más insólitas. Durmiendo, viajando en avión o hasta a pie, escuchando canciones, desde vivencias propias o ajenas. A veces un verso, o un fragmento melódico, un acorde, cualquier elemento humano o divino puede darte una razón para cantarles. Si estuviera menos involucrado en tantas otras cosas, que a la vez me nutren para componer, quizá tendría más canciones.

—Vicente, ¿te disgusta componer por encargo?

—Hay canciones que agradecí que me las pidieran porque eran causas pendientes que tenía y que por determinadas razones no las había escrito. Creo que solo si se asume la canción que quieres hacer nace algo útil. Algunas me las encargué yo mismo, y no solo patrióticas.

—Créeme, una de tus composiciones más conocida, nació así. ¿Cuál es su historia?

—En los primeros meses de 1975, un director de la Televisión Universitaria y amigo común le pidió a Silvio una canción por el aniversario 40 de la caída en combate de Antonio Guiteras y el venezolano

Carlos Aponte. Silvio le respondió que con mucho gusto, pero que mejor la hiciera yo por mis vínculos casi familiares con ellos.

«Mi familia paterna era de Matanzas y Carlos Alfaras, esposo de una hermana de mi padre y miembro de la Joven Cuba, organización creada por Guiteras, estuvo entre los combatientes de El Morrillo. Aponte y Paulino Pérez Blanco se escondieron en la casa de mi familia el 7 de mayo de 1935, y esa noche mi abuela paterna Ignacia López Pineda, junto a Mario Argenter, eminente músico matancero y amigo de la familia, tocaron para Aponte, a petición suya, **La Polonesa** de Chopin, brindaron, y mi abuelo, el juez Santiago Feliú Silvestre, le regaló su revólver a Aponte, con el que caería combatiendo al día siguiente.

«En abril de 1975, luego de estudiar todo lo escrito y conversar con familiares y amigos implicados (entre ellos José Tabares del Real y Mario Kuchilán Sol), por fin compuse la canción **Homenaje a Antonio Guiteras**, lamentablemente perdida. Al rato escribí **Si canto a los muertos**, dedicada a Carlos Aponte y el poema **Los héroes** que sería el preámbulo años más tarde de la canción **Sueño del Héroe**. En la madrugada de ese mismo y largo día, de repente sentí un enorme peso sobre los hombros y salió **Créeme** de un tirón. Su tonalidad original fue en La mayor, pero ahora la canto en Do y me queda "comodísima"».

—Hablemos de Santi (Santiaguito Feliú) y su estilo tan peculiar de trovar.

—Aunque el más joven, Santi siempre fue el mayor de los hermanos. Rony y yo solo somos los más viejos. Fíjate quién era Santi que a los siete años compuso una canción para los niños vietnamitas. Le dijo a papá que se la acompañara, mientras él la cantaba y en un momento, Santi lo para y le dice: «Papito, ese acorde no es». El Viejo hacía canciones bellísimas con recursos armónicos un tanto limitados y él estaba claro de que no era el que puso papá.

«Contrario a lo que muchos piensan, Santi nunca fue zurdo, por lo que suponemos que aprendió la guitarra de vista, como en un espejo. Me comentó alguna vez que la encordó para zurdos, pero como no tenía guitarra y todos sus amigos eran derechos, decidió aprender así. Lo increíble es lo bien y lo limpio que tocaba, teniendo todo al revés.

«Brillante y lúcido, su poética (poesía y ética), difícil por demás, llegó a muchísima gente en todas partes y ha dejado huellas que se verán en la medida en que el tiempo pase.

«Aún me cuesta hablar de él. Se nos quedaron demasiadas cosas pendientes que ya no podrán ser, como grabar las canciones de papá, de las cuales más de la mitad solo él se las sabía».

—Ahora que hablamos de quiénes no están, me gustaría saber qué imagen guardas de Fidel.

—No fue fácil de asimilar la noticia de su muerte. La canción de Raúl Torres me hizo llorar como un niño, por la coincidencia de nuestros sentimientos. Fidel representó el padre que me enseñó a pensar. Nunca lo vi como un dios, ni como el dueño absoluto de las verdades. Las veces que tuve oportunidad de estar en un espacio común con él, lo que más me llamó la atención fue su capacidad de escuchar con verdadero interés y humildad.

—¿Y del Che?

—Su figura me germina. El día en que Fidel leyó la carta de despedida en la presentación del Comité Central del Partido, en octubre de 1965, me marcó. A partir de ese momento me convertí en un buscador de su ejemplo y, mucho más, luego del 9 de octubre de 1967. Espero ir alguna vez a La Higuera, en solitario, en una suerte de peregrinación personal.

—Últimamente se te puede ver cada fin de semana en la Fábrica de Trova, en Alamar…

—Sí, porque además de sentirme bien y ponerme al día con lo que hacen mis colegas, creo que hay que apoyarlos por todas las vías posibles. El esfuerzo de Pepe Ordás, el verdadero artífice de la Fábrica de Trova, y de Olguita, la puntal de Pepe, no queremos que se venga abajo por la falta de fijador que caracteriza al cubano.

—Aurora ha inspirado en ti más de una canción…

—Ella enrutó definitivamente mi vida (hace ya 38 años), sin dudas la persona que más he querido (con cargas de odio, como tiene que ser). Después de muchas parejas y matrimonios (seis), Aurora rompió muchos esquemas, incluido el prototipo de mujer que siempre había tenido. Es Tauro, signo polar con el Escorpión, que soy, y nos complementamos la mayoría de las veces. Es quien ha estado conmigo —y yo con ella— en las buenas, malas y malísimas, para sobrevivir a los avatares de todo tipo.

«A Aurora de Los Andes la mandamos a hacer, con algunas de las mejores cosas de ella y mías. Hemos sido varias parejas Aurora y yo, porque en varias ocasiones de crisis ha habido que dar un salto hacia adelante; anteriormente yo rompía y ya, ella me enseñó a buscar soluciones. Ojalá siga siendo así».

Fuente: juventud Rebelde

La historia de Créeme - (contada por el propio Vicente)

Ya en la entrevista se realiza un acercamiento a la historia de esta trascendente obra, pero vale la pena reproducir aquí el relato narrado por Vicente en su propio blog de wordpress.com, el 19 de septiembre del 2011, y que Vicente narró siempre en las fechas de conmemoración del asesinato de Guiteras y Aponte, en el Morrillo, calendario obligado que mantuvo en su agenda, porque le resultaba además un encuentro en el tiempo con sus familiares vinculados a esos hechos.

En los primeros meses de 1975, un director de la Televisión Universitaria y amigo común le pidió a Silvio Rodríguez una canción por el 40 Aniversario de la caída en combate de Guiteras y Aponte. Silvio le respondió que con mucho gusto, pero que mejor hablara conmigo por los vínculos casi familiares con ellos.

En 1935 Antonio Guiteras Holmes, revolucionario matancero que había sido Ministro de Gobernación de un breve y tibio gobierno, comprendió que Cuba no tendría solución social verdadera más que con una revolución armada, para lo cual crea la organización La Joven Cuba. Prepara con algunos de los miembros de la organización una salida clandestina hacia México para instruirse militarmente y regresar. La salida estuvo dispuesta por el río Canímar, en cuya desembocadura existe un pequeño fortín colonial. Mi familia paterna era de Matanzas; Carlos Alfaras, esposo de una hermana de mi padre y miembro de Joven Cuba, estuvo entre los combatientes de El Morrillo; Carlos Aponte (coronel venezolano que había combatido con Sandino en Nicaragua) y Paulino Pérez Blanco estuvieron escondidos en la casa de mi familia el 7 de mayo de 1935, y esa noche mi abuela paterna Ignacia López Pineda, junto a Mario Argenter, eminente músico matancero y amigo especial de la familia, tocaron para Aponte a petición suya La Polonesa de Chopin a cuatro manos en el piano, brindaron y mi abuelo el juez Santiago Feliú Silvestre le regaló a Aponte su revólver, con el que caería combatiendo al día siguiente junto a Guiteras.

Luego del combate, dos mujeres salen por la ciudad de Matanzas colectando firmas para que no mataran a los sobrevivientes de El Morrillo. Una de esas mujeres era Esther Feliú, mi tía.

Un día de abril de 1975, luego de estudiar todo lo escrito y conversar con familiares y amigos implicados (entre otros José Tabares del Real y Mario Kuchilán Sol), por fin compuse la canción

'Homenaje a Antonio Guiteras', lamentablemente perdida. Al poco rato nació "Si canto a los muertos", dedicada a Carlos Aponte y el poema 'Los héroes' que sería el preámbulo años más tarde de la canción 'Sueño del Héroe'. Inmediatamente después, cargado con todo lo leído y escuchado, calculo que en la madrugada de ese mismo y largo día, de repente sentí un enorme peso sobre los hombros y salió, de arriba a abajo, 'Créeme'. Es como si me la hubieran dictado los dos gigantes con quienes estaba compartiendo, incitándome a seguir su camino.

En esos días participamos varios trovadores en una actividad en la que estaba Carlos Rafael Rodríguez, intelectual brillante que además gustaba de nuestras canciones. Por los troveros estábamos, que recuerde, Silvio, Pablo, Amaury Pérez y yo (quizás también Sara y Noel). Antes de que nos tocara cantar, Amaury me preguntó por "la última", le canté Créeme y me dijo: "Tienes que cantarla ahora mismo", y eso hice. A partir de ese momento la cantamos a dúo con Silvio, especialmente durante las cerca de 600 actividades que hicimos durante la guerra de Angola entre febrero y julio de 1976.

La primera grabación la hizo Pablo Milanés en su disco Aniversario en 1977, y yo la incluí en mi primer disco Créeme, y que salió en 1978. De entonces a acá, ha tenido innumerables versiones, muchas verdaderamente memorables.

Las canciones mencionadas.

SI CANTO A LOS MUERTOS

(A Carlos Aponte)

Si canto a los muertos
es porque sé
que los muertos no han muerto,
que están a mi lado
calmándome la sed
y avivándola a un tiempo.
Si canto a los muertos
es porque sé
que la vida no es cierta
si se anda silbando
una pobre canción
que envenene la suerte.
Si canto a los muertos,
no a los muertos casuales
sino a los de verdad,
a los que miraron
al minuto final
con la frente serena,
si canto a esos muertos

es porque he de vivir
en su complicidad
las horas tranquilas
que aparentan llevar
a la felicidad.
Si canto a los muertos
es porque sé
que los muertos no han muerto,
que están a mi lado
calmándome la sed
y avivándola a un tiempo.

Neptuno, abril de 1975. (El mismo día, posterior a Homenaje a Antonio Guiteras y anterior a Créeme).

SUEÑO DEL HÉROE

Los héroes salen al camino un día
del fondo de un árbol, de cualquier esquina.
Bajan de un bronce o de un auto
y te saludan contagiosamente,
como el viejo amigo que quiere contarte
una nueva historia, un amor,
o el descubrimiento de una verdad absoluta.
Se cuelgan de tus dedos y es como si los llevaras
a cada cosa que tocas, que haces, que apareces.
Se van contigo a tu casa y comen en tu mesa.
Los ves reconocerse en los hijos
y ves a los peques mirarlos
con ojos que no caben en la muerte.
Se acuestan contigo y contigo hacen el amor con tu amante
– porque el amor tiene de toda la vida –
y duermes, y en lo que sueñas están de una manera o de otra.
Desayunas y los descubres leyendo el diario en tu hombro,
silenciosamente,
como quien no quiere alterar la paz de la mañana.
Y un día sales de combate,
y en lo mas álgido del atardecer,
frente a todo el tormento que imaginas insalvable,
en el final de las fuerzas los sientes estallarte dentro,
pelear por ti, brillarte el camino que no encuentras
y cantar por tus victorias y tus alegrías.
Así son ellos, los héroes.
Nuestros héroes.

CRÉEME

(A Hamlet, por Quisqueya)

Créeme
cuando te diga que el amor me espanta
que me derrumbo ante un te quiero dulce
que soy feliz abriendo una trinchera.
Créeme
cuando me vaya y te nombre en la tarde
viajando en una nube de tus horas
cuando te incluya entre mis monumentos.
Créeme
cuando te diga que me voy al viento
de una razón que no permite espera
cuando te diga no soy primavera
sino una tabla sobre un mar violento.
Créeme
si no me ves y no te digo nada
si un día me pierdo y no regreso nunca.
Créeme
que quiero ser machete en plena zafra
bala feroz al centro del combate.
Créeme
que mis palomas tienen de arcoiris
lo que mis manos de canciones finas.
Créeme.
Créeme
porque así soy y así no soy de nadie.

Neptuno. Mes de abril de 1975.

El Vicente que conocí en 1967

Tanto la entrevista como el Blog me conmueven porque me recuerdan al joven Vicente, de 20 años, que conocí en la Universidad de la Habana en 1967.

Comenzábamos entonces los estudios de la carrera de profesoral, en la especialidad de Física, que Vicente no terminó, convencido ya que ese no era su camino. Éramos un grupo muy reducido de estudiantes (solo 7), por lo difícil que resultaba esa especialidad. Todos compartíamos la residencia universitaria, y nos unimos aún más cuando nos trasladaron para las residencias ubicadas en la zona cercana a la rivera del Almendares. Allí, en una de las habitaciones, acomodados en literas, nos agrupamos los 4 físicos más cercanos a Vicente: Fernando Perera, Néstor Castellanos, Renato Fernández y el autor de estas letras.

Pensándolo mejor en este minuto casi perdido en el tiempo, ya por esa época Vicente nos arrastraba a todos, no solo a los "físicos": era la figura central de la beca universitaria, y el día de su primera actuación en la televisión cubana de la época, decenas de estudiantes nos sentamos donde podíamos para ver a Vicente en el televisor (blanco y negro) que había en el lobby del edificio de las hembras.

Guitarra en mano, fuimos testigos en esos días de la génesis de un gigante de la cultura nacional. Allí, en la beca universitaria (extensión de su cuartico en azotea de la casa familiar de la calle Neptuno, en Centro Habana) Vicente escribió y nos cantó algunas de sus primeras canciones; y en esa misma guitarra muchos de nosotros aprendimos a dar los primeros acordes. De eso se habla en algún que otro poema de esta obra.

Otro pasaje importante de aquellos días, es la presencia obligatoria en los jardines del Parque Almendares (como se le llamaba por entonces) a la vista del majestuoso puente que lo cruza en las alturas. Allí íbamos con frecuencia todos los estudiantes, para hacer en grupo las tareas de nuestras respectivas disciplinas, que por lo general derivaban en los temas más diversos, y no precisamente sobre Física, porque curiosamente a este pequeño grupo de "físicos" le interesaba más la Literatura y el Arte; y por eso era común que compartiéramos con los estudiantes de esas especialidades, entre los que estaba la primera esposa de Vicente, Isabel.

Sólo Entonces. V. O. Feliú.

Sé que allá
la muerte siempre andará
junto a mí mientras dure
mi vivir.
Y sé
que la tierra quizás me lleve
hacia sí para siempre
Entonces seré feliz
ya por algo hube de vivir.
Entonces seré feliz
ya por algo habré de morir.

Si tal vez
alguien pregunta dónde estoy
dile que fui a algún lugar
sin importarme cual
Como esté
la feliz sensación de morir
por un cielo azul sin manchas
por una tierra infinita
por un siglo de luz
que alumbre al mundo gris
Entonces seré feliz
ya por algo hube de vivir
Entonces, seré feliz
ya por algo habré de morir

De esa época es la canción "***Solo entonces,***" que todos le pedían. Fue probablemente una de las que cantó en aquellos primeros pasos ante el público televisivo, y quiso el destino que Vicente escribiera la letra de esa canción en mi libreta de notas de que entonces utilizaba, que casi por casualidad he encontrado entre viejos papeles de la época. He aquí la copia directa del viejo original, escrito de su puño y letra.

Existe una anécdota relacionada con este documento, y de ella se deriva la sospecha de que, con los años, la obra fue olvidada hasta por el propio Vicente, porque de otro modo no se explica su respuesta al ver nuevamente el texto después de tantos años. Ocurrió en los días previos al recital conmemorativo de su 70 cumpleaños, es decir, a comienzos de noviembre del 2018.

Por esos días habíamos contactado por correo con más frecuencia que de costumbre y me encontraba buscando entre viejos poemas propios, cuando aparece ante mi vista el original que inmediatamente reconocí. De inmediato escribí a Vicente, comentándole el hallazgo del manuscrito de esa añeja obra suya, con más de 50 años de escrita. No demoró mucho en responder el mensaje y supuse que eso indicaba la alegría que sentía por el descubrimiento. Pero al leer su respuesta solo puede sonreír entre sorprendido y pasmado por la sorpresa:

—Muy buen poema Frank. ¡Felicidades!

¿Cómo pudio olvidar que esta canción era suya?

Eso me recuerda otra simpática anécdota, que de paso nos permite rememorar aquellos inolvidables días, de finales del 1968, en las peñas cotidianas que informalmente se realizaban cada noche, en la casa de Pancho, el caricaturista.

Los detalles relativos a la peña se refieren en algún que otro poema de esta obra. Limitaremos la anécdota al hecho en sí. Presente, como siempre, estaba Silvio, y ya preparaba las cuerdas de su guitarra para iniciar su recital cotidiano, cuando Vicente le dice:

—Escucha esto que estoy componiendo desde ayer.

Y comienza a introducir la melodía, que a todos nos pareció conocida (como después quedó aclarado) al tiempo que comienza a cantar la nueva letra...

Y al concluir la primera estrofa y enlazar los acordes para continuar con la siguiente, Silvio se le adelantó cantando él mismo la letra original de una canción que era suya, y que Vicente, sin percatarse había sustituido por una letra "nueva."

Se desató entonces una euforia colectiva, mientras Vicente enrojecía al percatarse de lo ocurrido. Pero lo que sí quedó en claro fue el grado de compenetración existente entre ambos, hasta el punto de que Vicente pudiese montarse en la música de Silvio, sin percatarse de ello.

Poco tiempo después de aquellos hechos, Pancho y su esposa abandonaron el país, y en consecuencia la peña dejo de funcionar. Vicente por su parte hizo efectiva su determinación de abrir las alas y abandonó definitivamente las aulas universitarias, renunciando a la Física, para entregarse en cuerpo y alma a la música...

¿Qué ocurrió entonces con este interlocutor, que hoy narra este boceto biográfico de la vida de Vicente? No pudiendo conformarse con la soledad que dejó en todos su ausencia, buscó dentro de sí todas las justificaciones posibles para auto convencerse de que lo suyo no era la Física, sino la pintura y la poesía, y abandonó también la Universidad de La Habana, escalinatas abajo sin mirar atrás.

Pero la vida tiene en sus manos los hilos del destino, y varios años después, escapando también de los estudios de tercer año de Ingeniería, regreso a las aulas para graduarse finalmente, en 1980, como ¡Profesor de Física!

El autor y su esposa Ma. Cristina Pérez Lazo de la Vega, en compañía de Vicente. En la Guayabera, Alamar, La Habana, después de un recital

Razón de ser poeta

1	Santiago te espera en las montañas

Te fuiste, Vicente, te fuiste,
con la bandera bayamesa en la mano.
Te fuiste Vicente, te fuiste,
y te envidian en silencio los soldados...

Desde niño imaginaste un final como este,
en los picos de los Andes,
con el fusil bien montado.
Pero la vida hizo jugadas mejor calculadas:
Tu espada fue la guitarra,
cargada de poesía y de amor y esperanza;
pero, como dijera Eusebio de sí mismo,
"paloma pero artillada".

Te fuiste Vicente, te fuiste...
Detrás dejas una guitarra angustiada;
queda una familia afligida pero estoica;
dejas tantos amigos que son más que amigos,
queda la música que un pueblo canta.
Te fuiste Vicente, te fuiste...
Santiago[1] te espera en las montañas...

Frank Calle (18/ dic/ 2021)

(1) *Santiago Feliú, hermano menor de Vicente. Canta autor. Trovador de fuerte fibra, fallecido el 12 de febrero del 2014, en similares circunstancias.*

2 Ancestros

Me siento conectado con un espíritu del tiempo
que viene de mis ancestros y me llama.
Me siento conectado allá en el pasado más remoto,
con un poeta total
que amó tanto la poesía,
que murió sin terminar su único poema,
porque cada día lo volvía a comenzar,
como un Penélope que no quiere terminar
lo que no acaba.

Y así, pasando el tiempo,
me siento conectado a un espíritu divino,
que trasciende los espacios
y desde el pasado más remoto
captura mi yo profundo con un manto de poesía,
cordón umbilical de la existencia,
que me alimenta cada día.

Y así pasando el tiempo de los tiempos,
esta poesía divina que me viene de los ancestros,
vuela de mis manos
y se transporta hacia el futuro más remoto,
de poeta en poeta,
hasta que un poeta en ciernes,
apasionado a la obra de mi vida,
la hace suya,
y ya no es mía.

Y así, pasando el tiempo,
el nuevo poeta da vida a la obra,
que jamás se acaba,
que nunca termina,

y en la desesperación de no poder concluir
la obra de su vida,
nacida de aquel poema eterno,
que yo empecé algún día,
mi tátara tátara tátara poeta
rompe el poema,
el único poema de su existencia efímera,
lanza a los mil espacios los restos de la obra,
aquella misma que un poeta de mis ancestros
comenzó un día.

Frank Calle (6/jun/2018)

3	Virgilio en persona[(1)]

¿Dónde estás Virgilio?
Virgilio que vienes de Virgilio...
¿Acaso premonición familiar?
Virgilio... ¿dónde estás?
Te mueves en todas direcciones.
Naturaleza inquieta que sobrevive
en medio del océano de las angustias humanas,
flotando sobre las olas que te suben por lo que eres,
en bravía mar que te lanza contra la roca que espera...
Solo tu escafandra te salva del peligro,
una vez más.

Virgilio... ¿De dónde vienes?
Abultado equipaje llevas contigo.
¿Cuántas contradicciones en el traerás?
Vives en el misterio que nada oculta,
misterio a la vista para quien sepa mirar.
Siempre aferrado a tu pequeño salvavidas,
demasiado pequeño quizás, para poderte salvar.

Sabes que allí tras la bruma que esconde la orilla,
está la roca que te vigila, porque llegarás...
Pero tú casi disfrutas de ese destino injusto,
porque tu escafandra de almas amigas te protege,
y los aplausos con una sola mano, llegarán.

Virgilio que vienes de Virgilio;
qué eres égloga de ti mismo;
monólogo que asombra a los incrédulos;
diálogo con el espejo de tu vida;
Virgilio... ¿Hacia dónde vas?

Frank Calle (21/feb./2021)

(1) **Virgilio Piñera (4/ agosto/ 1912, Cárdenas - 18/ octubre/ 1979, La Habana) Controvertido y polémico escritor, poeta, dramaturgo y crítico cubano.**

4 Inspiración por contagio

Cuando penetro en la poesía de alguien
(que es como decir en la vida de la vida)
no sé por qué
me siento como en lo profundo de alguna piedra loca;
tras la reja de aquella cárcel que guarda hombres de montaña;
en un lugar de todas dimensiones,
perseguido por algo que quiere entrarme al cuerpo,
y que me ciega,
que me inhibe serenamente
porque...
cuando penetro en la poesía de alguien
no sé por qué
me siento como en lo profundo
de alguna piedra loca.

Frank Calle (9/ene/69)

5	Retrospectiva hacia la infancia

Los recuerdos de la niñez se me pierden.
Centro la atención en una retrospectiva
que se borran en el tiempo,
como quien mira fijamente un punto
en el espacio infinito,
como quien fija su mente
en los más remotos recuerdos de la infancia.
Y allí estoy yo,
en brazos de mi padre
viajando en un ruidoso tranvía de la época,
que traquetearon por las calles de La Habana.
Me veo y no lo creo.
Era apenas un niño de meses,
que lloraba y lloraba,
temeroso de un mundo
que desde entonces me asustaba.
Es increíble que la mente humana
pueda guardar en su libro del pasado,
hasta la más simple palabra.
Hoy puedo recordar hasta el olor de los pupitres
de la escuela de la maestra Blanquita,
ancianita, gastada.
Pero pasan los años y la mente ya no puede
en el libro del pasado
sumar nuevas páginas.
Entonces mezclará las historias,
inventará cuentos que no son de hadas
y borrando unas, y otras,
no quedará nada.

Frank Calle (23/ene/2018)

6 Entre polillas

Algunos me preguntan
por qué no he publicado en tantos años.
¿Es que acaso la vida se me acaba?
Quiero publicar la obra de mi vida
pero quiero construirla cada día
hasta dar la última pincelada.
¿Perfeccionismo? Quizás.
¿Miedo? Tal vez.
¿Inseguridad?
El fracaso no sería peor
que dejar en imprenta palabras
que no digan nada.
Yo quiero volar por los espacios
de las grandes bibliotecas de este mundo.
No las virtuales.
No las electrónicas.
No las que existen y no existen,
sino las que alimentan polillas inteligentes
que destruyen el papel que no vale nada.
¿Para qué publicar una obra inacabada?
Claro que quiero publicar la obra de mi vida,
pero solo el día que dé la última pincelada.

Frank Calle (30 / mar / 2018)

7 Cada quién en su laberinto

Calles que se cruzan,
repletas de pensantes que buscan su camino.
De cuando en cuando dos vidas se juntan,
y trazan un único destino.
Visto como espacio universal
laberintos paralelos se inter conectan,
cada uno con una sola entrada
y un cementerio que espera...

A cada paso un silencio.
Caminos equivocados.
Callejones sin salida.
Regreso en sentido obligatorio.
Errores de la vida.
Y en cada recodo inesperado,
en cada recurva que no tiene fin,
un amor, un beso, una herida...

Así es el laberinto que nos atrapa,
como una casa de espejos,
con una sola entrada,
con una sola salida.
El éxito o el fracaso.
El triunfo o la despedida.
Así de simple y complejo,
real y fantástico,
es el laberinto de la vida,
con una sola entrada,
con una sola salida.

Frank Calle (18/marzo/2019)

8	Callar no siempre es callar

Tengo el silencio en los labios,
es preferible callar;
callar no siempre es silencio,
si el silencio sabe hablar.
Cuando la poesía llega,
y no la dejan llegar,
el poeta, si es poeta,
al silencio hace hablar.
Me hablan desde la nada
los versos que llegarán,
quieren salirse de golpe,
quieren decir la verdad.
Me hablan desde el silencio
los versos que no serán.
Mejor quedarse callado,
callar no siempre es callar.

Frank Calle (11/abril/2019)

9	Cara o cruz

Detrás de la puerta está el destino,
que se construye día a día,
haciendo cada quien su camino.
Asúmelo o recházalo.

Si lo asumes,
abres la puerta y das la cara al mundo.
Continuarás viviendo o malviviendo;
ganarás o perderás,
según hayas jugado tus piezas,
contra el más fuerte,

en el tablero de la vida;
serás feliz cuando no seas infeliz,
dependiendo de tu autosuficiencia
de tu insuficiencia
a la hora de trazar tu camino.
Entonces habrás vivido tu vida
y la de otros,
hasta el último día.

Si lo rechazas,
a menos que no tuvieses alternativa
en nombre de la Patria o en nombre del honor,
entonces alguien dirá
que estabas predestinado al suicidio,
que ese era tu único destino.
morir de espalda al amor,
en cualquier recurva del camino.

Frank Calle (28/mayo/2019)

10 Catástrofe planetaria

El mundo gira en silencio,
no se le siente el motor.
¿Girará eternamente mientras exista el Sol?
Es imposible saberlo.
Y además, ¿acaso importa?
No existiremos para entonces,
y tal vez no exista el Sol.

Mejor sacar nuestras propias cuentas:
¿Cuántas súper bombas atómicas resistirá este mundo,
creado por algún Dios?
¿Y Dios?
¿Se habrá cansado de guerras?

¿Se habrá muerto de dolor?
¿Se habrá ido para siempre a cuidar de otros mundos,
aunque en silencio no giren,
aunque no tengan motor?

Quizás estemos a tiempo de alcanzar la salvación,
pero no la nuestra, no la divina,
sino la del mundo que algún Dios creó,
y con ello no solo salvar la Tierra,
sino hasta el mismísimo Sol,
porque sin Tierra,
la catástrofe planetaria sería inmensa,
tan terrible como el descargue de las aguas,
en el inodoro de Dios...

Frank Calle (julio/24/2019)

11 Cenizas y diamantes

Montado en la máquina del tiempo,
llevo días registrando el pasado,
metido entre libros leídos o muertos
pero no olvidados.

Me miro; y me veo en la distancia.
Me busco; y me siento entre palabras.
Me encuentro; y me veo entre recuerdos.
Me analizo; y los misterios me abrazan.

¿Cuánto de bueno o malo he dejado en el camino?
Dejé la infancia escribiendo sin saber el motivo.
Llegué a la vida leyendo libros que no he olvidado.
No me arrepiento de lo que no he sido,
porque lo que he sido, lo hice amando.

Pero he dejado cenizas en el camino;
y los diamantes, los sigo buscando…

Frank Calle (4/agosto/2019)

12 Cero absoluto

Casi envidio la vida sosegada
de los que no saben,
los que no sienten,
los que no se enteran,
los que no sufren,
los que no entienden de nada,
los que jamás han abierto un libro,
los que no tienen familia conocida,
los que no tienen amigos verdaderos
los que no tienen ni siquiera enemigos
los que no viven,
los que no existen,
los que ni siquiera mueren
(porque no han tenido vida),
los que jamás hablan,
los que no tienen identificación personal,
los que no saben ni cómo se llaman,
los que son tan ignorantes
que ignoran que no saben nada.
En fin,
con perdón de las abejas,
adoro la vida sosegada,
tranquila,
aburrida,
y hasta insignificante,
de los insectos…

Frank Calle (14/marzo/2019)

13 El último día de la tierra

El último día ha llegado.
Mar y arena se mezclan
en la playa que culmina el día.
Paisaje final que recoge el último instante,
la última puesta de sol antes del fin del mundo.

Belleza tétrica de lo que no será más,
instante supremo, infinitamente bello,
desde ahora único, eterno,
imborrable para la especie humana.

Último cuadro, última imagen, último instante...
Último beso entre el mar y su playa,
símbolo póstumo del amor que nos dio la vida.

Belleza infinita que ya no lo será más.
Imagen perfecta, momento total, definitivo.
que el hombre solo podrá observar a distancia
desde los espacios infinitos.
a donde tuvo que emigrar obligatoriamente,
con dolor, con juicio,
con el alma quebrantada,
ante el peligro inminente del desastre imperfecto
que amenaza la especie humana,
en su último milenio.

Y el momento ha llegado,
millones de seres podrán ver desde el espacio,
con el corazón partido en millones de pedazos,
el instante postrero de la madre Tierra.

A partir de este instante,
una nueva era comenzará para siempre,
por los siglos de los siglos,
sin terrícolas, sin noches, sin días.

Frank Calle (17/mayo/2019)

14 Como palomas

Me pierdo entre versos que encuentro en el camino.
Llueven sobre mi mente,
pienso que vienen de un pasado remoto,
son como palomas que regresan al nido.
A veces siento que no son míos...
Son tan perfectos... Y me asombro de mi mismo.
Parecen piezas de un texto latino;
catarata de palabras indomables;
silencios de serenata shubertiana en una partitura divina;
un claro de luna de los tantos que aún no se han escrito.
A veces siento que no son míos...
Son versos entre versos que encuentro en el camino;
Regalo de la naturaleza enamorada;
pacto con el diablo buscando la vida eterna.
¿Acaso son mis propios versos que llegan desde vidas anteriores?
¿Son como palomas que regresan al nido?

Frank Calle (6/ enero/ 2021)

15 Función cúbica

Mi vida es la huella de una exponencial cúbica,
que viene de un Karma silencioso,
que se mezcla con el Karma de mis ancestros
y pasando por el origen de coordenadas,
se hace visible en estos tiempos,
lentamente en ascenso,

formando el espíritu
madurando el alma.

Y así transitan décadas de vida,
siempre en ascenso
de forma moderada.
Pero el tiempo camina sin detenerse,
y el peligro del final acecha,
el alma se inquieta,
y casi de pronto,
ante una asíntota indetenible,
una fuerza interna se levanta.

Comienza la lucha contra el tiempo,
las fuerzas por sobrevivir se multiplican,
cada día más en la cuenta de la vida,
es un día menos en la cuenta que se acaba.
Y ante esa agonía de vida y muerte,
la asíntota ya es irreversible,
la exponencial de la vida es más cierta,
las fuerzas por vivir y crear son más claras...

Quiero crear de noche y de día,
sin mirar hacia arriba,
ante el Himalaya...
solo resta subir sin medida,
cada día más que el día que pasa,
solo subir, solo crear,
sin pensar que el final llega.
La asíntota casi se toca con las manos,
¡nadie jamás estuvo tan cerca!
pero eso es imposible,
porque la vida acaba.

Pero eso todo no es más que un sueño,
es la realidad que nos empuja a seguir,
es el espejismo que nos alienta cuando ya no hay nada.
¡Si eso ocurre las Matemáticas no existen!
la asíntota inclinada es una esperanza de alargar la vida
la asíntota vertical es la verdad alcanzada;
no nos deja alternativas
porque la vida acaba.

Frank Calle (19/marzo/2019)

16 Futuro incierto

Hoy tengo la pluma fuerte
como un corcel bien bravío
que necesita un jinete
que le controle los bríos.

Los tiempos son de batalla
y a la vista el enemigo
que amenaza con las armas
y ataca sin hacer ruido.
Los pueblos que se respetan
no le temen al destino:
Si es de gesta, ya es hora;
si es de paz, tendrán hijos.
Pero no llevarse a engaño:
los viejos son la experiencia,
lo que queda del pasado,
la guía para el camino.

¿Y el futuro? ¿Cuál futuro?
Sin presente no hay futuro
si la juventud emigra
tras el presente perdido.

Yo quisiera equivocarme
y disculparme conmigo:
asegurado no hay nada,
si la juventud se ha ido.

Los tiempos son de batalla
y a la vista el enemigo,
que utiliza nuevas armas,
y ataca sin hacer ruido...

Frank Calle (28/ agosto/ 2019)

17 La rosa del destino

He quedado impactado.
¿Cómo es posible después de tanto tiempo,
cuando ya no queda nada,
ni un amigo.
Has regresado, precisamente hoy,
cuando ya nada esperaba
cuando todo lo he perdido?

Fuiste aquella rosa que encontré en el camino.
Increíblemente sola,
donde no había nada, ni nadie,
solo la bella rosa,
y enseguida entendí el mensaje del destino.
¿Qué hacía aquella rosa casi en medio del desierto?
De belleza y fragancia irresistible,
te tomé en mis manos,
disfruté, casi enamorado, de tu belleza,
y te guardé en un libro,
de manera inconsciente,

como tantos recuerdos que luego quedan
en el olvido.

Después pasaron los años,
muchos años,
tantos, que el tiempo lo fue borrando todo,
los amores, la familia, los amigos,
hasta dejarme solo,
(o mejor, hasta quedarme solo)
porque solo se queda el que no cuida su destino.

Y así, en medio de esa soledad terrible,
de manera inconsciente,
hoy he tomado en mis manos un libro,
acaso el único que tengo,
por cosas de la razón o por castigo.

Y entonces,
de manera inconsciente,
abro en cualquier página el libro.
Y ahí, marchita,
todavía increíblemente bella,
como mensaje del destino,
acaso esperando este momento desde décadas,
tengo ante mí aquella misteriosa rosa abandonada,
la misma que un día encontré en el camino.

Frank Calle (25/abril/2019)

18	Pequeño poema fuera del tiempo

Por mucho que lo intente
no puedo dejar de percibir
que estoy viviendo en el tiempo equivocado.
Lo siento cuando leo las páginas
de un viejo libro, que parece nuevo.
Lo siento cuando escribo un nuevo poema
y me parece que antes ya lo he creado.
Simplemente siento como que vivo
en un siglo ya pasado.

Es fantástico imaginar por momentos
que vivo en un pequeño pueblo,
escondido, oculto, olvidado,
acaso en otro mundo,
en un mundo apasionado,
y al mismo tiempo silente,
como lo fueron los tiempos de Chaplin...
Sí, un mundo fascinante,
donde los días no pasan cada día;
donde las horas pasan una vez al año;
donde los poetas no cobran sus derechos;
porque es derecho de todos vivir enamorados.

Frank Calle (26/abril/2019)

19	Quieras o no quieras

Mirar a la distancia y ver el olvido,
es olvidar que en la distancia
no existen distancias sin seres queridos.
El mundo es pequeño si no tienes sueños,
el mundo es un sueño que sueña contigo.

Mirar a la distancia y ver el olvido
es todo y es nada,
es muy poca causa para tantos caminos.

Pero si te conformas con dos dimensiones,
si no luchas por existir más allá del destino,
el destino te alcanza más temprano que tarde,
y si miras a la distancia y solo ves tu mundo,
ese que en tu ignorancia ya das por perdido,
tu mundo es tan plano que siempre será nada,
nunca verás horizontes.
quieras o no quieras, tendrás solo olvidos.

Frank Calle (22/abril/2019)

20 Reencarnación

¿Cuántas vidas habremos tenido?
Es una preocupación humana de tiempos ancestrales.
Quizás todos seamos los mismos,
que de tiempo en tiempo nos hemos repetido.
Se dice que en este proceso
de vivir eternamente,
no siempre fuimos humanos.
algunos fuimos panteras y otros fuimos venados.
Tener o no tener fe en esta esperanza,
no tiene vital importancia.
Es como vivir pensando que no hemos vivido;
es como vivir sin comer,
por temor a enfermar de lo comido.
Pensándolo bien,
es preferible estar entre los convencidos,
de poder vivir otras vidas,
hasta llegar a la perfección espiritual de lo vivido.

Y sé, que más temprano que tarde,
este poema que ahora estoy escribiendo,
algún día de algún siglo,
¡lo voy a leer yo mismo!

Frank Calle (7/marzo/2019)

21	**Ser todo o ser nada**

Quiero ser, quiero ser, quiero ser,
tantas cosas que no puedo alcanzar,
vivir muchas vidas, muchas muertes,
estar y no estar en todas partes,
electrón Brogliano maravilloso:
ser onda y partícula al mismo tiempo,
ser leyenda y olvido sin ser nada.

Ser todo y no todo cada día,
ser realidad y sombra en cada paso,
vivir sin dormir toda la vida
en una madrugada indetenible
haciendo poemas sin descanso.

En esa eterna ambigüedad de lo imposible,
quiero dejar la huella invisible de la nada,
hasta que alguien me descubra sin saberlo:
soy la tierra que gira eternamente
soy el día y soy la madrugada.

Frank Calle (7/junio/2019)

22 Vagabundo

Cierro la puerta y salgo,
y siento que ahora será definitivo.
Afuera me espera el mundo.
Camino con paso firme,
no me llevo nada,
ni siquiera el olvido.
Caminar las calles sin saber hacia dónde,
es una pasión.
¿Para qué saber hacia dónde marchas,
si no tienes destino,
si no conoces a nadie,
si a nadie esperas cruzarte en tu camino?
No soy más que un vagabundo sin meta.
pichón de lunfardo,
croto ferroviario,
un linyera, un ciruja,
viajando de pueblo en pueblo,
sin pensar en nada,
sin tener un mañana,
soñando siempre sin haber dormido...

------- ------- -------

Más, de pronto me despierto
y te encuentro a mi lado...
Nada ha sucedido.
No sé si me alegro; o si lloro de rabia;
si grito y doy patadas en el piso.
(esto me recuerda "Encuentro en el pasado",
y la moneda del futuro, en el bolsillo).

Sueño cada día con ser un vagabundo,
casi un gitano,

que es como un vagabundo,
pero con destino.
Ser vagabundo es como un sueño reprimido,
Salir tirando la puerta, sin mirar atrás,
sin llevarse nada,
ni siquiera el olvido,
a vivir como pájaros,
pero en cualquier nido.

Frank Calle (20/marzo/2019)

23 ¿Existe el presente?

Amigo poeta,
tú que dices que el presente no existe,
que es insignificante,
que es acaso un Quantum de existencia en el tiempo,
que expresado en energía
solo Planck se empeñó en darle sentido.
Dime, amigo poeta,
¿es que acaso el presente que nos da existencia,
es el mínimo espacio de tiempo,
entre pasado y futuro?
Curiosa realidad, amigo...
Sí, el presente es tanto como la nada
y sin embargo es la base de todo,
sin él no existiríamos...
Pero dime, poeta,
¿qué es realmente el presente?;
¿acaso el presente es solo filosofía?

Si respondo como poeta,
el presente puede ser comienzo y final,
puede ser una nota entre dos silencios,
puede ser una vocal interrumpida,

puede ser un disparo de salva,
sin la bala que hace historia,
sin lágrimas, sin heridos.

Pero el presente, como filosofía,
es mucho más...
Es la vida de los que solo viven el ahora;
la vida que se vive sin sentido;
de los que nada dejan, ni siquiera amores;
de los que viven sin saber qué han vivido,
porque acaso ni siquiera viven el presente,
son buenos para nada,
no sirven ni tomando el mal camino;
simplemente vivir del presente
es vivir por vivir,
es vivir para el olvido.

Frank Calle (5/mayo/2019)

24 Batalla nocturna

Espectacular figura que vive en las grutas,
ser misterioso que la luz rechaza.
Millones de congéneres que de un golpe despegan,
cuando la Luna se levanta.

La noche ha llegado
y pronto comienza la desigual batalla.
Millones de insectos desaparecen
en una sola jornada.
Resulta increíble que entre tantos seres,
volando compactos a velocidades murcielogónicas,
nunca se toquen con las alas.

¿Acaso dominan una ciencia ignorada?
La noche ya concluye, con el alba
y por millones retornan a su gruta,
donde millones de "bebe murciélagos"
reciben sin error a la madre esperada.
Guardería insólita que suma nuevos misterios.
Ni entre millones de criaturas,
la madre pierde la pista
la deja abandonada.
Así de simple es la simple vida
del mamífero con alas,
el mismo que tanto nos aterra en la madrugada.
¿Acaso es soberana su inteligencia?
Ser misterioso que la luz rechaza;
máquina de volar casi perfecta.
¿Quién eres realmente?
¿Acaso eres el Dios que todos esperan?
¿Acaso te escondes tras una criatura tan despreciada?
Tu propia existencia maravillosa se hace sospechosa,
porque equilibras la naturaleza sin decir nada.

Frank Calle (17/ dic/ 2019)

25	Vivir la vida

Dicen que el tiempo se acaba
cuando la vida se va;
dichoso el que tuvo tiempo
de vivirla de verdad.

Vivirla podrá quien tenga
la dicha como verdad;
la pasión para vivirla,
y el tiempo para esperar.

Lo demás ya poco importa,
cuando la vida se va;
dichoso el que tuvo tiempo
de vivirla de verdad.

Frank Calle (mayo/5/2019)

26 Viaje al centro de la tierra

Miro a la distancia y no veo el horizonte.
Veo un espejismo;
una realidad virtual de no se sabe dónde.
Miro a los cielos y no veo estrellas.
Veo huecos negros;
y veo un bigbang que se expande
no se sabe hacia dónde.
Miro al centro de la tierra y veo al horizonte;
veo estrellas polares,
y veo como el mundo se contrae,
hasta desaparecer en el mar de Verne,
y entonces me desmayo...
Me despierto...
No sé dónde estoy ni cuánto tiempo ha transcurrido.
Veo en la distancia el horizonte.
Veo en los cielos las estrellas;
y veo a lo lejos un volcán en erupción.
¿Acaso el Vesubio...?
Todo ha sido solo un sueño,
un viaje a la nada,
a un país sin nombre.
Soñar despierto es como un espejismo,
ver una realidad virtual real,
que existe y no se sabe dónde...

Frank Calle (17/ nov/ 2019)

27	Autorretrato

Mirarse en un espejo sin mirarse,
es negarse a aceptar la realidad.
Verse por fuera, aunque nos de miedo,
es la única forma de saber nuestra verdad.
Pero a esta edad que ya tengo,
cuando el tiempo ya se acaba,
cuando la vida se va,
hay que mirarse con espejuelos,
sin autoengaños ni vanidad.
Me he mirado muchas veces,
mirar sin mirar...
Más hoy he mirado buscando respuestas,
y he visto un yo desconocido,
que entra en conflicto con mi "Yo" existencial.
"Estas viejo" -me ha dicho el espejo-
y un espejo no miente jamás.
Estoy viejo, sí, estoy viejo,
pero por fuera nada más...
Es la inevitable lucha entre el "Yo" interno
y la realidad.
Por dentro me siento total:
Napoleón en Córcega;
mejor, Nelson en Trafalgar,
la gloria al final de la vida,
solo así los dos "Yo" se pueden conciliar.
Pero la razón solo el espejo la tiene:
"Estás viejo Dorian, estás viejo..."
Y esa es la pura verdad.

Frank Calle (26/ dic/ 2019)

28	Poema divino

Cada día siento que nuevos versos
me llegan de algún lugar del universo
rompiendo el silencio de las ventanas
llenando de rimas la soledad.

Son indetenibles;
a veces son como las piezas sueltas
de un rompecabezas o un crucigrama.
Mi mente las capta y juega con ellas,
hasta que finalmente encajan.
Solo entonces la calma regresa
y la mente descansa...

Pero se dice que no existen los poetas.
Acaso son simples receptores de un mensaje divino,
que un poeta universal transmite,
en un único poema infinito y eterno.
Y también se dice que cada poeta verdadero
alguna vez completara su gran rompecabezas,
el poema de su vida,

Frank Calle (1/ abr/ 2020)

29	Ni fantasma ni realidad

Justo es el medio de lo justo;
punto de equilibrio de la vida;
fiel de la balanza universal;
ni más cerca ni más lejos;
virtud de estar y no estar;
amar la vida y la muerte,
para no morir jamás;

ni más rico ni más pobre;
ni fantasma ni realidad.

Justo medio es justo medio.
Es la esencia filosófica de la unidad.
Es el punto equidistante de cualquier destino,
centro del círculo que nos rodea
cuando buscamos la verdad.

Cada quien que busca su destino,
debe encontrar su círculo espiritual,
porque todo círculo tiene un centro,
justo medio de todas las distancias,
camino más corto de cualquier destino,
ni más cerca ni más lejos,
ni fantasma ni realidad.

Frank Calle (4/ abril/ 2020)

30 Entre sombras

Vives rodeada de misterios,
pero solo ante la luz eres real.
Siempre oculta.
Siempre escondida a la mirada de todos,
mientras algunos te buscan para poder amar.
Ayudas al perseguido o al victimario,
sin preguntar,
porque no distingues entre el bien y el mal.
Simplemente existes y no existes...
Eres como el alma proyectada de las cosas, mi
que transforma la luz en soledad.

Frank Calle (20/ mayo/ 2020)

31 Ni fotografía ni retrato

Realismo inmejorable.
Copias la realidad en un instante
sin ser un plagio.
Nunca te equivocas.
Logras la imitación perfecta de lo que miras.
y puedes ver, incluso, el alma de los humanos.

No existe artista o máquina que pueda superarte.
Sin proponértelo,
haces feliz al que quiere verse cada día,
y si es narcisista quedará fascinado;
pero haces desgraciado al que tiene miedo de sí mismo,
al que su alma nunca ha mirado.

Tu mayor virtud: la sinceridad absoluta;
jamás mientes, ni ante la muerte;
jamás ocultas un detalle;
muestras la imagen perfecta,
no importa si existe un pacto con el diablo...

Tu mayor defecto: ser insensible,
frió cristal que nunca te equivocas,
y muestras como nadie el alma de los humanos.
Por eso algunos, sin que seas mágico,
te veneran, te adoran;
y otros... te rompen en pedazos,
única manera de borrar tu verdad.

Frank Calle (27/ mayo/ 2020)

32 Buscando el poema de mi vida

Quisiera que este fuese el poema de mi vida,
el poema inolvidable,
que viaja el mundo en todos los idiomas...
El poema que, cuando yo no esté,
nunca falte en cualquier antología.

Así piensa el poeta que ama la poesía.
El poeta que pone el alma en cada verso,
aunque nunca gane nada,
aunque pase la vida esperando el milagro,
como quien espera la suerte de ganar su lotería.

Mas, al final de sus días,
el poeta de cada noche,
el incansable poeta que escribe y escribe,
pensando que quizás mañana será el gran día,
se detiene por una vez y mira al pasado,
y solo ve poemas y poemas,
que no están en ninguna antología.

Dolorosa realidad la del poeta poeta,
que ha dedicado gran parte de su existencia,
a crear una música que a ningún Director
le fascina,
sin comprender quizás,
sin valorar tal vez,
que ante sus ojos cansados,
y su pluma ya vieja y vacía,
se encuentra hoy la obra de su vida.

Frank Calle (7/ feb / 2021)

33	Mirando al futuro

Se dice que la vida es poesía soñada de futuros.
¿Pero dónde estaremos mañana?
Eso solo lo sabe el futuro,
y los que miran desde el presente por las ventanas...

Mañana será nunca,
si permitimos que el futuro fracase,
si nos conformamos con regresar a un pasado muerto.
No juguemos a encontrar al futuro incierto.
No añoremos demasiado regresar a un pasado de olvidos.

La vida se construye de presentes soñados,
poesía sin métrica,
que no siempre sigue destinos trillados;
que puede tener finales inesperados,
y terminar en una encrucijada de caminos.

Frank Calle (23/ mar/ 2021)

34	¿Vivo o muerto?

¿Qué pasará si...?
... los fantasmas se mueren de miedo en el infierno?
... las aves pierden sus alas en el último vuelo?
... los libros se quedan sin palabras?
... las palabras no dicen lo que siento?

¿Qué pasará si en mi cerebro el mundo se queda en silencio?
¿O si los silencios se llenan de ruidos;
¿O si todos mis absurdos son realidades
transformadas en versos?

¿Qué pasará en medio de la locura,
sin comprender nada de lo que ocurre, sin saber ni quién soy,
ni dónde estoy,
y me despierto?
¿Estoy vivo, viviendo en el mundo de la poesía;
o estoy muerto?

Frank Calle (10/ dic. /2020)

35 Adiós al último amigo

Sentado en un banco del parque
parecía hablar consigo mismo.
Si hubiese sido un joven,
pensaría que hablaba con su móvil
oculto en la mochila o en algún bolsillo...

En otros tiempos parecería un anciano demente,
pero hoy, todos somos dementes modernos
que hablamos solos, hasta sin motivo.
Por eso pasé por su lado despreocupadamente,
y el susurro del anciano se transformó en sollozo,
y el sollozo en llanto reprimido.

Cuando un anciano llora conmovido,
La Humanidad paga las culpas
de lo que no ha sido...
Me detuve casi inconsciente,
pensando que de pronto su figura quijotesca
caería al piso.
Sus viejas manos yacían palma con palma
sobre las piernas de pantalones zurcidos.
¿Acaso rezaba?

Disculpe señor, ¿se siente mal?
¿Necesita ayuda?
N o, s e ñ o r ...
Dijo lentamente, dolorosamente...
Y poco a poco se abrieron sus viejas manos,
mostrando sobre sus palmas viejas,
un ratoncito que dormir parecía...

Ha muerto, ya no tengo amigo...
Solo eso dijo,
y diciendo esto, el pequeño ratón sin vida
cayó al piso.

No supe qué decir, ni qué hacer.
Cual reliquia venerada,
tomé al ratón y lo puse en sus manos,
y por mi mente pasaron los recuerdos de amigos,
que ya no tienen vida.
Lamenté la pérdida como si fuese mía,
y dejé al anciano en su soledad solemne,
rezando por el último amigo de su vida...

Frank Calle (2/ abril/ 2021)

36	Derechos de autor

Ante mí la montaña de mis miedos,
los misterios de lo que no he sido,
los secretos que me he reservado,
los dolores que nunca he tenido.

Vivir despreocupadamente,
oculto tras las páginas del libro que escribo;
vivir de la obra que invento

para justificar que existo,
imaginando amores que a nadie importan,
si es que a alguien le importa
el ave herida que muere en su nido.

Ser o no ser es motivo de existencia
de este poeta que no cobra sus versos,
simplemente le saltan de la inquieta pluma,
hasta que llenan las páginas de un libro,
sin preocuparle lo que le paguen o no le paguen,
los editores que nunca han escrito un libro,
siempre y cuando la vida no me cobre
con el olvido.

Frank Calle (5/ marzo/ 2021)

37 Inspiración con arcángeles

Quiero romper la barrera del sonido,
con un verso que se escuche en el cielo.
Allí donde los ángeles disfrutan de la poesía,
y los arcángeles cuidan del amor más bello.
Allí estará el arcángel Rafael cuidando los querubines
y hablando con Cupido para que el amor de pareja
sea eterno;
y al escuchar mi verso quedará impresionado,
lo llevará ante Dios, para que lo bendiga,
y ante Daniel, para que ponga toda su sabiduría
en mi inteligencia,
y mi pluma pueda escribir el más bello libro.

Frank Calle (27/ marzo/ 2021)

38 Introspección hacia la infancia

Camino en retroceso hacia la génesis
descontando las horas caminadas,
como quien se arrepiente de las tantas horas vividas,
sin hacer nada...
Páginas y páginas en blanco,
entre páginas de ciencia que ya nadie lee,
porque hoy son páginas borrosas,
que no dicen nada.

Camino en retroceso y me asombro.
Páginas y páginas de merecidos olvidos...
¿Hacia dónde iba? ¿En qué pensaba?
Quisiera detener el tiempo.
pararlo en seco
y arrancar las páginas que no dicen nada...
Todo lo escrito cabría en pocas palabras.

Camino en retroceso y siento que la poesía me salva.
Quizás por eso mis poemas llevan fecha.
Hacen la cronología de mi vida
y dejan siempre una lágrima...
Retrocedo entre la bruma de versos no escritos
que son tantos que siento que mi mente nunca para.
Aquí o allá logro rescatar del olvido un olvido,
y acaso mi mente rescata un simple verso
que me rescata.

Caminar en retroceso me fascina...
Recuerdo que hice los primeros versos siendo niño
de día y de noche mi mente en versos pensaba...
¿Qué poeta no quisiera encontrar la libreta perdida

con los poemas de amor de la pubertad olvidada?
¿Por qué entonces cambié el camino?
¿O es que nací en la cuna equivocada?

Todavía puedo retroceder hacia la génesis.
Todavía me veo en brazos de mi madre.
Su voz maravillosa llenaba de música mi infancia.
Siento que de pronto la luz me ciega.
Abro por primera vez los ojos,
y a los pies de mi cuna infante,
mi Ángel de la Guarda espera, espera...
mientras lee un libro de poemas
que todavía no tiene portada .

Frank Calle (21/ abril/ 2021)

39 La muerte no sabe matar

La familia ya está informada.
Las horas están contadas, es el final...
Los médicos nadan pueden hacer,
solo esperar.
La espera de una causa perdida,
es la única que nunca se pierde
porque perdida ya está.
¿Por qué esperar entonces?

Motivos hay:
mientras la muerte no llegue,
la vida nunca se rinde, siempre luchará;
se aferra a todos los misterios
cuando a nada se puede aferrar.
Y en tanto, la muerte no acaba de llegar.

Ocurre entonces el milagro...
Cae una gota de fe sobre el cuerpo que espera,
y a ella se aferra la vida,
cuando a nada se puede ya aferrar.
Y a la vista de los médicos, que no lo esperan,
un rayo de luz respira...
y respira la vida en un cuerpo,
y corren los médicos de aquí para allá,
porque al menos por ahora,
la muerte ya no vendrá.

La muerte solo llega cuando la vida se va:
Ella nunca es la que mata,
Llega exactamente en el minuto final...
Nada sabe de asesinatos o suicidios.
Ella solo certifica que la vida se ha ido,
porque la muerte no sabe matar...

Frank Calle (15/ abril/ 2021)

40	**Metapoema de pasada**

Lamento que la pluma se detenga,
cuando más falta me hacen las palabras.
¡Necesito decir tantas cosas!
Lamentarse no vale la pena...
Hice lo que pude cuando pude.
Y no hice lo que pude porque no pude...
Son tan estrechas las puertas
que por momentos nada entra,
nada sale...

Lógico sería centrarse en una sola cosa:
¿El amor? Tema siempre inagotable.
Pero el amor verdadero, ni en poesía se da fácil.
¿La vida que se acaba?
Razón de más para firmar pactos con el Diablo,
y cada día tendré muchas palabras;
pero es que al Diablo, de tantos pactos que tiene,
solo le quedan ya palabras malas...

En fin, la lista de temas se haría interminable,
y este poema no diría nada.
Al final, quizás pudiera hacer un simple estudio
surrealista;
o un metapoema de pasada.
Mejor dejar así las cosas...
Debo aceptar que, de cuando en cuando,
las musas también descansan,
y por eso mi pluma se detiene
cuando más falta me hacen las palabras...

Frank Calle (17/ abril/ 2021)

41 Razón de ser maestro

Los años han pasado y la vida hemos vivido,
Es hora de mirar atrás y rectificar si algo no ha sido.
No quiero dejar deudas:
Pido perdón a todos a los que pude haber ofendido,
pensando que besaba a un amigo.
Ofrezco disculpas a todos cuantos pude perjudicar,
creyendo que necesitaban de lo que he sido.

Me hinco con respeto ante todos los que alguna vez afecté,
convencido de que actuaba en su beneficio,
sin saber que les causaba pesares que no había previsto.

Pero jamás pediré perdón,
ni ofreceré disculpas,
ni me arrepentiré en modo alguno
por haber nacido con alma de Maestro;
por haber enseñad,
todo cuanto aprendí en este mundo;
por haber respetado los valores éticos que me enseñaron
mis padres, los patriotas que hicieron nuestra América,
y los maestros que tuve desde niño;
y sobre todo por haber escrito los poemas que he dejado,
y los libros que he leído .

Frank Calle (30/ enero/ 2021)

42

Se compra máquina del tiempo

Quiero comprar a del Llano la máquina del tiempo,
para viajar cada noche en sueños sin sentido,
y visitar los tiempos olvidados
y también los que no he vivido.

Al fin podré dormir tranquilamente,
y hacer cada noche un viaje a lo desconocido,
retando las paradojas más inverosímiles,
y hasta Einstein quedará sorprendido:

- Presenciar mi propio nacimiento.
- Leer los libros que aún no he escrito.
- Contarle a Verne sobre el viaje a la Luna.
- Visitar mi propia tumba y seguir vivo.

Y así navegaré siguiendo la escala del tiempo
buscando paradojas hasta el último día.
Quizás en el último viaje me encuentre con Virgilio,
y me diga:

"Señor Dantes, ¿ha venido para quedarse?
Tenemos para este viaje toda la vida"

Frank Calle (26/ marzo/ 2021)

43

Epitafio al poeta desconocido

Un día que se va, tras otro que se ha ido.
Una noche más, y una menos,
en la cuenta sin retroceso de una vida que empieza.
¿.Qué somos hoy? Preámbulo de mañana.
Poema inconcluso, poema que no ha sido,
un día que se fue, más otro que no llega.
¿Y el poeta? ¡Quizás no ha dormido!
Es triste tener que contar
la secuencia fatal de días y noches,
que se van, y no regresan.
Un día que no es día, si en la noche del poeta
nada queda.
Y así, sin que el mundo lo conozca,
el poeta que no ha sido,
sin que se sepa, escribe y escribe,
escondido, tras el tiempo que se le acaba
como si la vida se le hubiese ido,
silente, sin hacer nada.
Más un día supremo, final de los destinos,
no habrá días de más, ni noches que no llegan,
vendrán familiares, y amigos que no se han ido.

Todo terminará en un abrazo de dolientes,
en una lápida,
en una simple lágrima,
quizás en una obra eterna
quizás en un simple libro.

Frank Calle (10 / mar / 1969)

44

La fama y la gloria

Quiero ser descubierto
después de muchos siglos
.más allá del tiempo y del olvido.
Quiero ser poeta
en los tiempos que no han sido
cuando en todos los planetas
se hable del mío; sí, del mío.
Quiero ser poeta de un pequeño libro
descubierto quizás en la luna Europa.
¿Y eso cómo ha sido?
Sé que pido mucho:
no pido la fama, efímera en el tiempo,
que muchos han vivido
y perdido.
..Pido la gloria, que es eterna,
más allá del tiempo y del olvido.
¡Pido la gloria! Lo máximo...
esa que trasciende los siglos en los elegidos.
Qué importa para entonces ya estar muerto.
Qué importa ser en vida un desconocido.
Basta con saber, con vanidad terrícola,
que mis contemporáneos se lo habrán perdido.

Frank Calle (21 / ene / 2018)

45	Vivir en los extremos

Ser o no ser.
Ganar o perder.
Estar o no estar.
Nacer y morir.
Comienzo y final.
La vida no puede ser una suma de antinomias kantianas.
No puede ser siempre un dilema moral o circunstancial.
La vida es mucho más que un círculo cerrado
de realidades inevitables.
Lo inevitable es morir en vida,
cuando vivir es morir en absoluta soledad.

Frank Calle (13/ feb./ 2021)

46	Vivir para siempre en el futuro creado

Estamos ya a las puertas del olvido,
si antes no cambiamos lo pasado,
cuando el pasado no ha tenido sentido,
y lo vivido nada ha dejado en claro.
Sentido tendría vivir de lo vivido,
dejando detrás nuestras huellas en lo amado,
olvidar acaso el pasado perdido,
y vivir para siempre en el futuro esperado.
A tiempo estamos de retomar la vida que se ha ido,
y caminar con ella hacia un futuro claro.
Rehacer las fallas con lazos en el pasado,
y vivir para siempre en el futuro creado.

Frank Calle *(6/ abril/ 2021)*

47	**Pandora**

Nace la flor cerrada
ocultando su misteriosa virginidad,
hasta que un día despierta
como despierta la niña
en la pubertad.

Y así, andando el tiempo,
mostrará a la vida toda su belleza,
que puede ser intensa
o débil como un perfume sensual;
o puede ser espiritual,
interna,
como un secreto que espera...

Y así, andando el tiempo,
un apuesto Prometeo encontrará en su camino,
que a riesgo de su propia vida,
le mostrará la única llave que devela el secreto,
la llave que enciende el fuego del amor
que solo se apaga cuando llega el olvido...

Frank Calle (13/ abril/ 20121)

48	**Cuando nos falta el linaje**

Tengo una pena escondida,
que viene desde mi infancia.
Nada sé de mis ancestros,
sus huellas no son visibles
tengo un árbol sin raíces
no sé de donde provengo,
soy como un hombre sin raza.

Imagino la pena difícil del hijo sin padres;
No el que los perdió en la guerra,
porque los llora en su cama;
No el que tiene un recuerdo de familia,
una imagen siquiera,
un nombre y un apellido,
un pedazo de su casa.

Pienso en aquellos que nunca,
NUNCA,
tuvieron la herencia de un nombre,
la huella de su linaje,
un documento legítimo,
una tumba de familia,
con los restos de sus padres.

Sé que soy afortunado.
Viví mis padres por décadas,
Aunque mis abuelos ya no estaban.
Tuve hermanos, tíos y primos,
un árbol con muchas ramas;
y tenemos hijos, y nietos,
y casi bisnietos...

Perdidos en el futuro seremos pentabuelos,
y tendremos pentanietos,
que de nosotros no sabrán probablemente nada:
quién sabe si buscando su linaje
encuentren estas palabras.
Pero hoy, con tantos años de vida,
sigo teniendo escondida una pena de la infancia:

soy un árbol de cortas raíces,
mis ancestros se pierden a mis espaldas...

¿De quién seré pentanieto?
No me importaría si fue un héroe de la guerra
o si fue una simple madre con muchos hijos,
y de tantos y tantos nietos que tuvo,
hasta mi simiente llegaron sus ramas.
Daría lo que no tengo si al menos en sueños
la máquina del tiempo me deja una esperanza...

¿De quién seré imagen y semejanza?
Ironías del destino que nos abre un camino,
que solo avanza.
No sé de dónde provengo.
Ni sé si debajo de mis plantas
se encuentran las ruinas de mi casa.
Soy como un hombre sin historia.
Soy como un hombre sin raza...

Frank Calle (16/ junio/ 2021)

49 Prefiero caminar de espaldas

Mirar al frente nos da visión de futuro:
allí vemos el horizonte lejano;
hacia allí, la perspectiva de nuestras vidas,
hace conducir todos los destinos;
y es allí donde físicamente terminan nuestros días,
donde se cierran todos los caminos...

Pero hoy estamos en la ola enrarecida del Siglo XXI,
donde el horizonte surfea a nuestra vista,
desconfigurando la visión del futuro.

Es allí donde el día y la noche se juntan,
y la luna se pierde entre sombras,
en la penumbra de un día que no es día...

¡Por eso prefiero caminar de espaldas!

No quiero ver en la distancia,
el futuro sombrío;
no quiero ser cómplice pasivo del fracaso,
y por eso escribo.
No quiero ver el lejano o cercano día
en que todos nuestros ángeles de la guarda,
sumidos en la desesperanza
tantas veces padecida,
cansados ya de luchar por nuestras vidas,
se den por vencidos.

¡Prefiero caminar de espaldas!

Mirando hacia el pasado, aunque sea sombrío;
porque el pasado se conoce,
es nuestra historia,
y solo retomando nuestra propia historia,
podremos torcer nuestro propio destino...

Frank Calle (17/ septiembre/ 2021)

50	**Androides**

Androides seremos todos en pocas generaciones.
Llevaremos implantes que controlan la salud
y el pensamiento,
y ya no seremos humanos:
seremos humanoides,

hombres máquinas perfectos,
que viven eternamente en su cerebro,
teniendo un esbelto y robótico cuerpo...

¿Será un pacto con el diablo?
Me aterra pensar que el hombre
consiente esté de su suerte,
y acepte vivir para siempre
en su versión digital
digitalizando su mente.

Todavía hoy lo podemos ver claramente:
Somos la génesis, la semilla,
del hombre que no seremos.
Viajaremos los espacios
y los siglos y los tiempos,
teniendo por materia
un cerebro virtual
que no necesita cuerpo.

Contactaremos con los seres digitales
de otros mundos,
que nos observan como conejillos
desde hace milenios...
Es imposible pensar
para entonces
qué seremos...

Yo prefiero vivir eternamente
en las páginas de un libro,
aunque sea digital
(polidimensional, virtual, mental...)

almacenado en una polineurona
de cada policerebro,
de los humanoides inmortales
que para siempre seremos,
aunque para entonces
hayan transcurrido milenios.

Frank Calle (23/ octubre/ 2021)

51	Prefiero el silencio

Vive la piedra en la esteril realidad
de su agonía,
sin sentir la agonía de los tiempos,
en eterna inmovilidad sin rebeldía,
esperando transformarse en curiosidad
en las manos de un arqueólogo enamorado,
que la guarde para siempre
entre cristales,
que miran en silencio de aficionados
los visitantes del museo de los tiempos.

Prefiero el silencio forzado de los muertos
que morir en vida dejando la vida en el silencio,
ajeno al misterio de la piedra eterna,
que por ser eterna
vive entre cristales todo el tiempo,
sin necesitar conocer las horas del día
porque nunca llegará tarde
a su entierro...

Frank Calle (3/ nov/ 2021)

52	Preludio de una noche con el sol

Fue una noche extraordinaria. Mario[1] llegó puntual a la residencia estudiantil de las hembras, un edificio de apartamento reutilizado como vivienda de estudiantes. En su lobby, en el entorno de las 8 pm, se inició el conversatorio con estudiantes de la carrera de Español, a la que nos sumamos los pocos que estudiábamos Física, entre ellos Vicente Feliú. El tema, un libro de poemas del propio Maestro, totalmente inédito, que página a página leyó para nosotros, en una noche única.

Luego de oír atento
tu lluvia de poemas nuevos y de entonces
me he visto acaso alucinante y necio,
como arquitrabe de los días tarta rines
y las horas en desuso.
Y me vi de pronto,
colgando de las cuerdas de un arpa poeta,
con el surrealismo que me sale ante la muerte,
y vi mi suerte,
que vive tras las sombras de lo que soy si existo
con la nostalgia de los pañales que cuidaron de mi yo infante.

Vives Maestro,
vives porque tienes sembrada la poesía
porque la llevas dentro,
acaso porque no existes nunca en lo humano,
como yo no existo cuando pienso
en funerales del insecto inexistente2.

Vives Maestro...
Yo me vi parado ante tu verso,
y me vi vivo y muerto,
y oí tu rúbrica que abre las puertas de la poesía eterna,
y tus palabras de la Historia lejana y presente;
y te vi músico,

[1] Dr. Mario Rodríguez Alemán, profesor, crítico de cine, primer Rector del Instituto Superior de Arte (ISA)
[2] Hace referencia a "Los funerales del insecto", canción de Silvio Rodríguez, hoy casi desconocida.

acaso contrastante en noche inmensa,
poblada de misterios musicales nocturnos,
con los días que yacen bajo tu blanca cabellera,
con el brazo blandiendo un libro de poemas desconocidos.
Pero tu libro es una sátira tronante a los olvidos,
crecida por influjo del amor que en su génesis nutre al hombre;
sangre y fuego en la búsqueda de los años torcidos,
como torcida el alma,
tras imperante tonada de los cactus de olvido.

Vives Maestro...
Tu libro es mi libro.
que hoy no es canto celestial de niños y profetas;
pero es más:
es la muerte y la vida que me siguen
cuando intento escribir versos añejados de lo eterno,
y cuando hablo...

Habla de nuevo tú,
poeta desconocido del crepúsculo.
Ensambla tu palabra a ese lapso de vida
que te existe,
y luego...
Luego publica el libro,
el libro de memorias y momentos del Sol,
con sus horas en yatagán de nube y cielo,
que bien vale la desgracia de sentirse vivo y muerto
en este siglo de nostalgia surrealista accidentaria.

Frank Calle (19/Feb/1968)

53 Cincuenta más veinte (poema - canción)

Inicialmente, cuando fue escrito, no pensé publicar este poema-canción, por considerarlo demasiado personal, sin interés para los lectores. En su momento fue mi manera de felicitar al amigo por su 70º cumpleaños; o más bien de auto felicitarnos, pues a los años de edad, ambos celebrábamos los 50 años de amistad, contados desde los días en que nos conocimos en las aulas de la Universidad de La Habana; y a eso se deben sumar los 20 de edad que teníamos entonces, de ahí el nombre...

Lamentablemente solo han transcurrido 4 años desde entonces, y Vicente ya no está físicamente con nosotros, pero nos acompañará, los que fuimos sus amigos, eso nadie lo duda.

Finalmente el poema fue publicado en la web, y al menos en el poemario "La cosa más cierta" publicado en el presente año 2021, por la Editorial Académica Española. No obstante, dadas las circunstancias, ese poema tampoco puede faltar en este libro.

A Vicente, después de 70 vueltas al Sol.

Amigo, amigo,
como han pasado los años,
muchos cantores dirían,
cincuenta que son setenta,
si se suma la partida.

Como han pasado los años,
cinco décadas vencidas,
éramos de 20 años,
y buscábamos la vida;
tú, escribiendo canciones,
y yo, ni lo sé todavía.

Así nacimos, amigos,
y lo seremos por siempre,
cada quien por su camino,
cada quien por su presente.

Así pasaron los años,
así pasaron los tiempos,
felices de reencontrarnos,
si se anunciaba el concierto.

En fin, ya tienes setenta,
¡almanaques de la vida!
canciones que se olvidaron,
recuerdos que no se olvidan,
como el caracol profundo,
en bajada, o en subida.

En fin, ya tienes setenta,
¡cuántas canciones escritas!
de cerca sigo tus pasos,
de lejos sigo tus días,
que la amistad que nos une,
no termina con la vida.

Como han pasado los años,
muchos cantores dirían,
cincuenta que son setenta,
si se suma la partida.

Frank Calle (10/oct/2017)

54	**Guitarra añeja**

A través de Vicente muchas personas conocimos personalmente a Silvio Rodríguez, a mediados de los años 60. Desde entonces, durante toda la vida, he dedicado a Silvio varios poemas, aunque supongo que él no lo sepa, aunque Vicente sí. Probablemente si me hubiese acercado a Silvio en alguno de sus grandes conciertos y le hubiese recordado los antecedentes, no dudo que me habría reconocido, aunque hoy no debe recordarse de mi existencia, pues no hemos conversado en más de 50 años. Probablemente este sea el primero de esos poemas.. Y no estoy seguro si Vicente lo conoció En tal caso, lo incluyo ahora para Vicente y para Silvio.

A Silvio, y a su guitarra, que alguna vez toqué con mis manos.

Y qué decir, amigo camarada,
qué decir viejo compañero de las cuerdas,
del silencio de los que oyen,
de la ceguera de los que ven,
de la ignorancia de los que saben.

Y qué decir, amigo de las calles sin fronteras,
de qué sirve ver y oír
si la tierra es redonda
y todos lo saben,
y nadie lo sabe.

Ver y oír es todo, o es nada,
(solo silencio, ceguera, ignorancia)
si acaso ni siquiera somos lo que fuimos,
si apenas comprendemos
que fuimos y no somos.

Por eso,
ver y oír es mucho o poco
si mucho o poco somos capaces de hacer
con seis cuerdas
y la llama candente que brota
tras la música de una guitarra añeja.

Frank Calle (23 / dic / 1968)

55	La pluma y la musa

La pluma hoy me ha rogado
que no la deje olvidada,
y he invocado a mi musa
para que ayude a mi mente
diciéndole muy bajito
lo que la mano escribe
cuando la musa enamorada
ama...

Pero la musa me ha dicho
que ha estado muy ocupada
arreglando mis escritos
que la dejan agotada.
Tendré que tener paciencia,

para quedar bien con todos,
y escribir de cuando en cuando
en el tiempo que me deja
mi profesión de academia,
y mis lecturas enormes,
buscando en libros antiguos,
conocimientos extraños,
de esos que a la musa animan
y al pensamiento despiertan,
de su letargo...

¡He ahí la pluma en ristre!
Recuerdo ahora aquellos días,
cuando la inspiración llegaba
y a falta de mejores palabras
inventaba significados.
Así, mientras mis oídos escuchaban a Silvio,
con su música en ristre,
escribí los primeros poemas de aquellos años.

Frank Calle (28/sept/ 2021)

56 La muerte espera por ahí

*Corrían los meses finales de la década de los 60, y un grupo de jóvenes nos solíamos reunir en la casa de Pancho, caricaturista de la época, esperando por la llegada de **Silvio Rodríguez**, que en cada jornada aparecía con una nueva canción, como quien hace cada día la tarea de la escuela...*

Una de esas noches apareció Silvio, con otro estreno, y sentado en el piso, guitarra en mano, rodeado de admiradores, me miró y dijo más o menos las siguientes palabras:

Frank, poeta de la muerte, esta canción es para ti. Y canto por primera vez la canción que da título a este poema.
*Pero hoy, concluyendo físicamente esta poemario, que en realidad comenzó a escribirse por aquellos días, y que concluye exactamente una semana después del fallecimiento de **Vicente Feliú Menéndez**, amigo eterno, a quien póstumamente he dedicado esta libro, viene a ocupar exactamente el espacio que no pudiera ocupar ningún otro poema en esta despedida.*

Poco a poco y día tras día,
al caer la tarde,
la vieja casa de Pancho iba tomando vida.
Una tras otra,
personas que apenas se conocían
subían las viejas escaleras
para escuchar tú canto.

¿Recuerdas Silvio,
aquellos nocturnos días,
donde tantas nuevas canciones tuyas,
se escucharon por primera vez?
Posiblemente pocos recuerdan hoy
que los insectos también merecen sus funerales.
y nadie recuerde, ni acaso tú, que la muerte,
esa que todos temen por las noches,
y que nos persigue cuánticamente
desde nuestro primer día,
esa muerte, espera por ahí.

¿Y los ángeles...?
¿Quién imaginó entonces que vivíamos rodeados de ángeles?
Es cierto que a veces fracasan, pero...
¡estábamos rodeados de ángeles! ¡quién lo diría!
Y de eso nos enteramos, por lo menos,
veinte años después.

Sí, porque en casa de Pancho lo que sobraban eran cojines,
y pinturas de Toscano,
aunque no habían muebles .
¡Pero había ángeles revoloteando!, y no lo sabíamos...
Sí, y esos ángeles cuidaban de tu música,
y de la de Vicente, y de la de Noel,

incluso la de José Ramón, que ya nadie recuerda,
aunque alguna vez pasó por allí, y cantó su Balada del Soldado:

"Escucha bien mamá, no quiero que llores por mí.
si no te veo más, no has de sentirte orgullosa de mí";

O aquella que decía:

"No quiero pena ni pena, no quiero llanto ni llanto,
que no se rompe la roca, con la oración de tu santo"

En fin,
¿recuerdas amigo, aquellos nocturnos días en casa de Pancho...?
Improvisada sala de conciertos, donde cada noche
una nueva era paría corazones,
y Créeme se estaba gestando,
aunque ni Vicente lo supiera.

Han pasado cincuenta años,
han pasado nuestras vidas,
han quedado solo los viejos momentos,
que algún día ya no lo serán,
acaso porque ni tú mismo recuerdes
que en una de esas noches habaneras
un día cantaste, por primera vez,
"la muerte espera por ahí."

Frank Calle (12 / mar / 2018)

FIN DEL POEMARIO

REFERENCIAS

- Acosta Ruiz, L.F (2021). **La cosa más cierta**. JustFiction! Edition.
- Feliú, V (2011). **La historia de Créeme.** https://vicentefeliu.wordpress.com/page/10/
- Feliú, V. (2011). **Creeme**. https://vicentefeliu.wordpress.com/2011/12/02/2-de-diciembre/
- García Rios, J. (2017). **Entrevista a Vicente Feliú en su 70 aniversario.** https://www.boltxe.eus/wp-content/uploads/2021/12/1639822571_Cuba-Estaras-siempre-con-nosotrxs-Vicente-Feliu-Creeme-cuando-me.jpg
- Ruiz Martínez, L. E. (2012). **Créeme en la Bienal de La Habana.** https://visiondesdecuba.wordpress.com/
- Vasallo, B. (2017). **Entrevista a Vicente Feliú.** https://www.resumenlatinoamericano.org/2021/12/17/cuba-muere-el-trovador-vicente-feliu-creeme-cuando-me-vaya-y-te-nombre-en-la-tarde/

Printed by Books on Demand GmbH, Norderstedt / Germany